RACONTE NOUS
TON HISTOIRE
MAMIE

« Le Code de la propriété intellectuelle et artistique n'autorisant, aux termes des alinéas 2 et 3 de l'article L.122-5», d'une part. que les « copies ou reproductions strictement réservées à l'usage privé du copiste et non deslinées à une utilisation collective» et, d'autre part, que les analyses et les courtes citations dans un but d'exemple et d'illustration, « toute représentation ou reproduction intégrale, ou partielle, faite sans le consentement de l'auteur ou de ses ayants droit ou ayants cause, est illicite» (alinéa 1er de l'article L. 122-4).

Cette représentation ou reproduction, par quelque procédé que ce soit, constituerait donc une contrefaçon sanctionnée par les articles 425 et suivants du Code pénal. »

Tous Droits réservés: © *Elisa De BRACIER, JANVIER 2023*

Chère Mamie

Nous t'offrons ce joli livre afin que tu nous fasses le plus beau des cadeaux en retour.

En effet, tes souvenirs sont pour nous très précieux. et nous sommes pressés que tu nous racontes tes histoires, tes meilleurs souvenirs et bons moments

Nous avons tous une histoire, celle-ci est la tienne, et il nous tarde de connaitre les moindres détails de ta vie afin que nous puissions longuement en discuter et partager encore plus de moments ensemble en parlant de ton passé.

Si tu ne veux pas répondre à certaines questions, rien ne t'y oblige, nous ne t'en voudrons pas. c'est Ton Histoire.

Si tu le souhaites, tu pourras remplir ce livre seul ou en notre compagnie et même y ajouter des photos et commentaires sur la page à gauche des questions.

Nous t'aimons très fort.

Sommaire

Peux tu nous parler de tes grands parents ?

Parle nous de ta Maman et de ton Papa.

Quels sont tes souvenirs d'enfance et d'écolier ?

Comment à été ton enfance ? Raconte nous !

Parle nous de ton Mari, notre papy.

Parle nous du travail que tu as fait.

Parle nous de tes enfants.

Peux tu nous dire quelques mots sur tes petits enfants ?

Toutes ces petites choses qu'on aimerait bien savoir aussi sur toi .

Tes Meilleures recettes que tu aimerais nous partager

Tes regrets dont tu souhaites nous parler.

© 2023, Elisa De BRACIERs

Édition : BoD – Books on Demand, info@bod.fr.

Impression : BoD – Books on Demand, In de Tarpen 42, Norderstedt (Allemagne)

Impression à la demande

ISBN : 978-2-3220-1153-7

Dépôt légal : Janvier 2023

Poème pour Mamie

Merci d'avance....

De prendre du temps,

Car nous avons de la chance,

Avec toi de passer des bons moments,

Continue à nous raconter les histoires de ton enfance,

Et nous resterons toujours ébahis en t'écoutant,

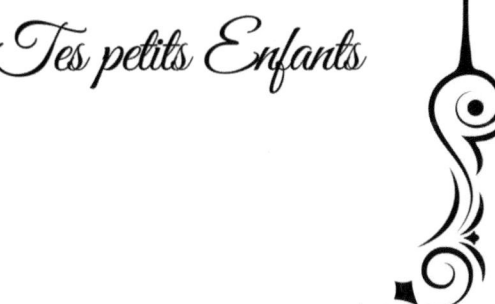

Tes petits Enfants

Tout simplement Toi

Notre Mamie adorée

Nom : _____

Prénom : _____

Tes Racines

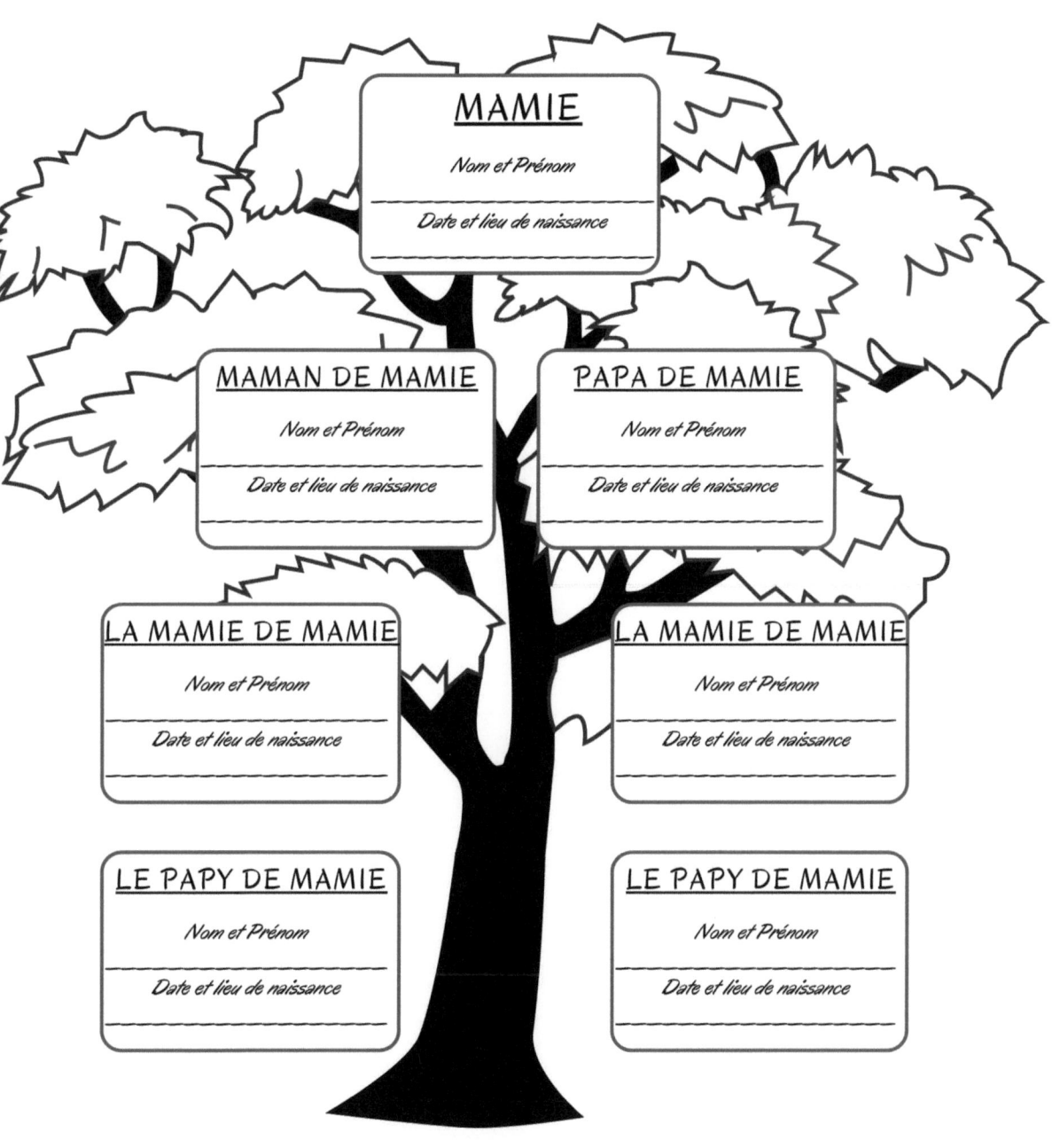

Raconte-nous ce que nous avons oublié de te demander sur cette page de notes ....

Peux tu nous parler de tes grands parents ?

"Une Grand-mère est une personne qui dit Oui quand Maman dit Non"

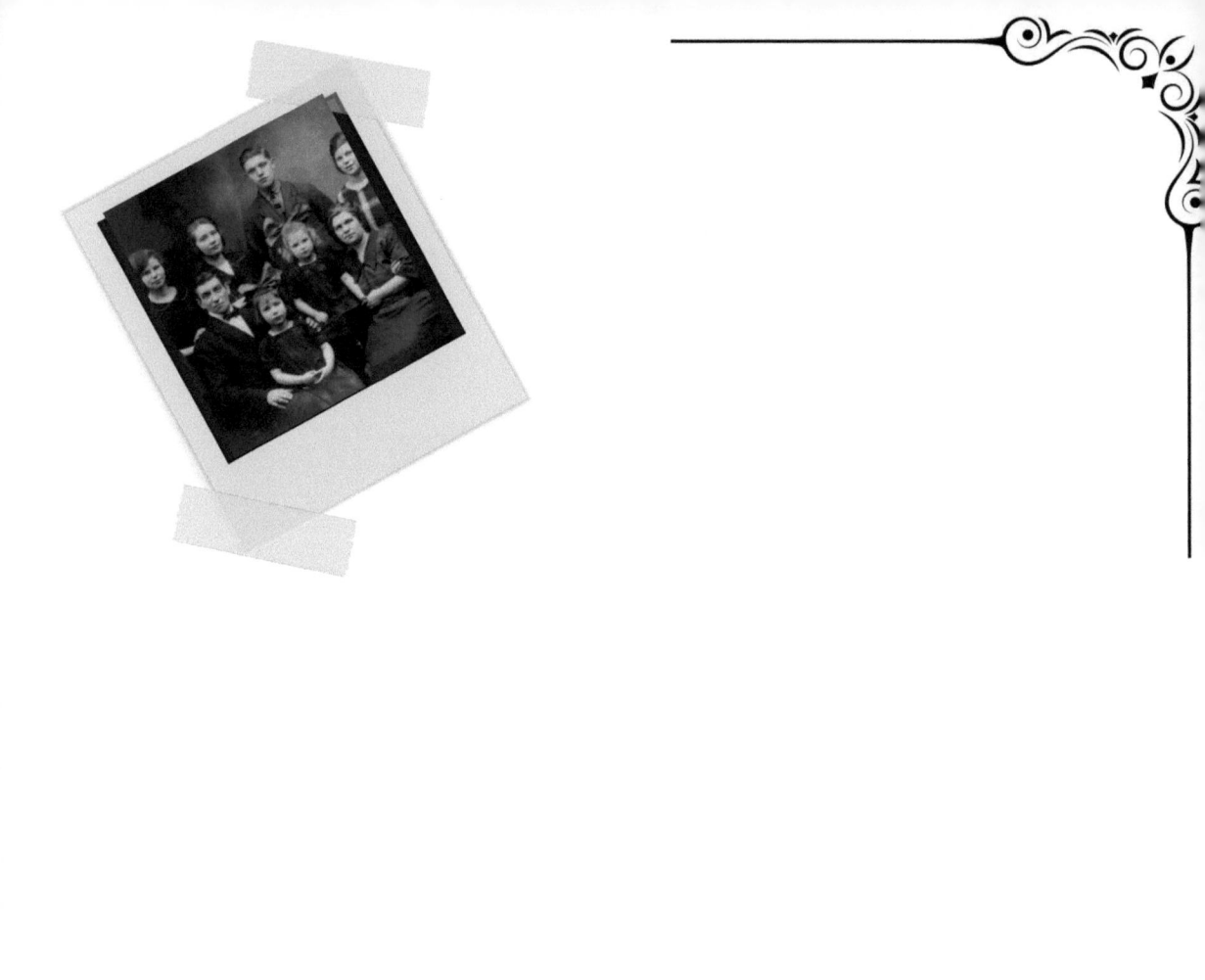

Peux tu nous parler de tes grands parents maternels ?

Ma chère Mamie, comment s'appelaient ta grand mère, et ton grand père côté maternel ? Avaient ils des frères et sœurs, d'où venaient ils et que peux tu nous dire sur eux ?

Décris nous comment vivaient tes grands parents maternels. Te souviens-tu si ils étaient sévères ou plus tendres et où ils travaillaient ?

_____
_____
_____
_____
_____
_____
_____
_____

Passais tu beaucoup de temps avec ton papy et ta mamie ? Quels sont tes plus beaux souvenirs avec eux ?

_____
_____
_____
_____
_____
_____
_____
_____
_____
_____
_____

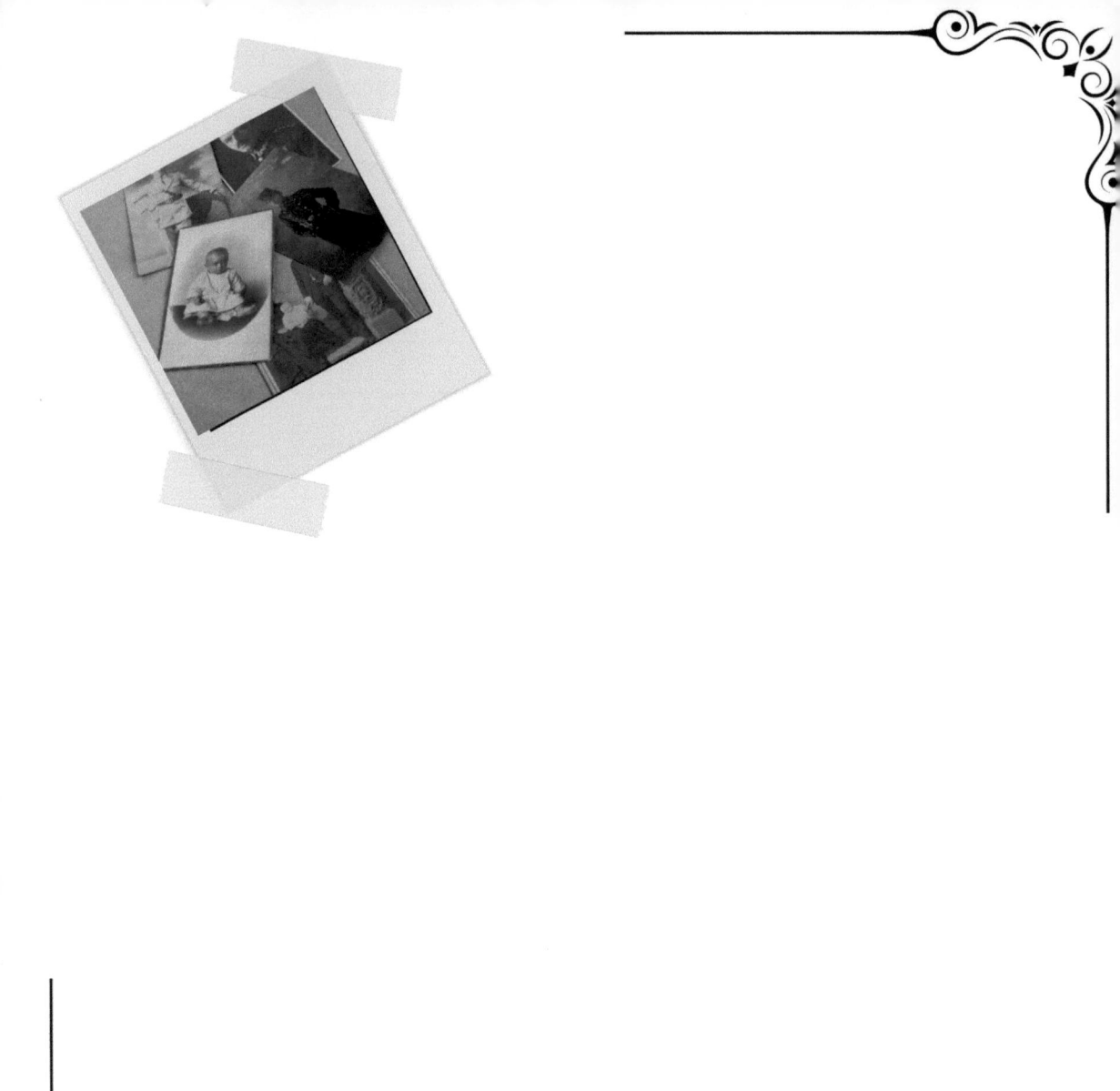

Peux tu nous parler de tes grands parents Paternels ?

Ma chère Mamie, comment s'appelaient ta grand mère et ton grand père côté Paternel ? Avaient ils des frères et sœurs, d'où venaient ils et que peux tu nous dire sur eux ?

Décris nous comment vivaient tes grands parents paternels. Te souviens-tu si il étaient sévères ou plus tendre et où ils travaillaient ?

_____
_____
_____
_____
_____
_____
_____
_____

Passais tu beaucoup de temps avec ton papy et ta mamie ? Quels sont tes plus beaux souvenirs avec eux ?

_____
_____
_____
_____
_____
_____
_____
_____
_____
_____

Raconte nous ce que nous avons oublié de te demander sur cette page de notes ....

Peux tu nous parler de tes Parents ?

"Les parents sont pour l'enfant ce que les rails sont pour le train. Il faut qu'ils restent solidement fixés pour permettre à l'enfant de cheminer"

Parle nous de ta maman.

Comment s'appelait ta maman ? Où et quand est elle née ? Où vivait elle ? Que faisait elle comme métier ? Peux tu nous la décrire ?

Parle nous encore de ta maman.

Qu'est ce qui amusait le plus ta maman ?

_____
_____
_____
_____
_____

Qu'est ce que tu apprécies le plus chez elle?

_____
_____
_____
_____
_____

Avait elle des frères et soeurs ? que sais tu d'eux ?

_____
_____
_____
_____
_____
_____
_____

Parle nous de ton Papa.

Comment s'appelait ton Papa ? Où et quand est il né ? Où vivait il ? Que faisait il comme métier ? Peux tu nous le décrire ?

_____
_____
_____
_____
_____
_____
_____
_____
_____
_____
_____
_____
_____
_____
_____
_____
_____
_____
_____
_____
_____
_____
_____
_____
_____

Parle nous encore de ton Papa.

Qu'est ce qui amusait le plus ton Papa ?

_____
_____
_____
_____
_____
_____

Qu'est ce que tu apprécies le plus chez Lui?

_____
_____
_____
_____
_____
_____

Avait il des frères et soeurs ? que sais tu d'eux ?

_____
_____
_____
_____
_____
_____
_____
_____
_____

Raconte nous ce que nous avons oublié de te demander sur cette page de notes ....

Tes souvenirs d'enfance et d'écolière

"L'enfance est le début de l'infini. Sans elle, pas de boucle. Sans elle, pas de futur : c'est pour ça qu'elle dure pour toujours"

Tes souvenirs d'enfance

Où et quand es-tu née ?

A quoi ressemblait l'endroit où vous habitiez quand tu étais petite ? Décris nous ta maison, y-avait-il beaucoup de pièces et un jardin ?

Où dormiez vous ? ou mangiez vous ?

Parle nous de tes souvenirs d'enfance

Où jouais tu quand tu étais petite ?
_____
_____
_____
_____
_____
_____

Avais tu des jouets préférés ?
_____
_____
_____
_____
_____
_____

Avais tu un doudou ? tu l'as encore ?
_____
_____
_____
_____
_____
_____
_____
_____

Parle nous de tes souvenirs d'enfance

Est ce que tu partais en vacances?

_____
_____
_____
_____
_____
_____
_____

Avec qui tu partais, et où ?

_____
_____
_____
_____
_____
_____

Quels sont les pays que tu as visité ?

_____
_____
_____
_____
_____
_____
_____
_____

Parle nous de tes souvenirs d'enfance

Quel est le cadeau qui t'a fait le plus plaisir ?

_____
_____
_____
_____
_____
_____
_____

Peux tu me parler de tes frères et soeurs ? Quand sont ils nés et qu'avez vous vécu de beau ensemble ?

_____
_____
_____
_____
_____
_____
_____
_____
_____
_____
_____
_____
_____
_____

Parle nous de tes souvenirs d'écolière

Aimais-tu aller à l'école ? était-elle grande ? est ce que les garçons et les filles étaient séparés ?

_____
_____
_____
_____
_____

Aviez vous des matières qui ne sont plus enseignées aujourd'hui ?

_____
_____
_____
_____
_____

Quelles étaient tes matières préférées ?

_____
_____
_____
_____
_____
_____
_____

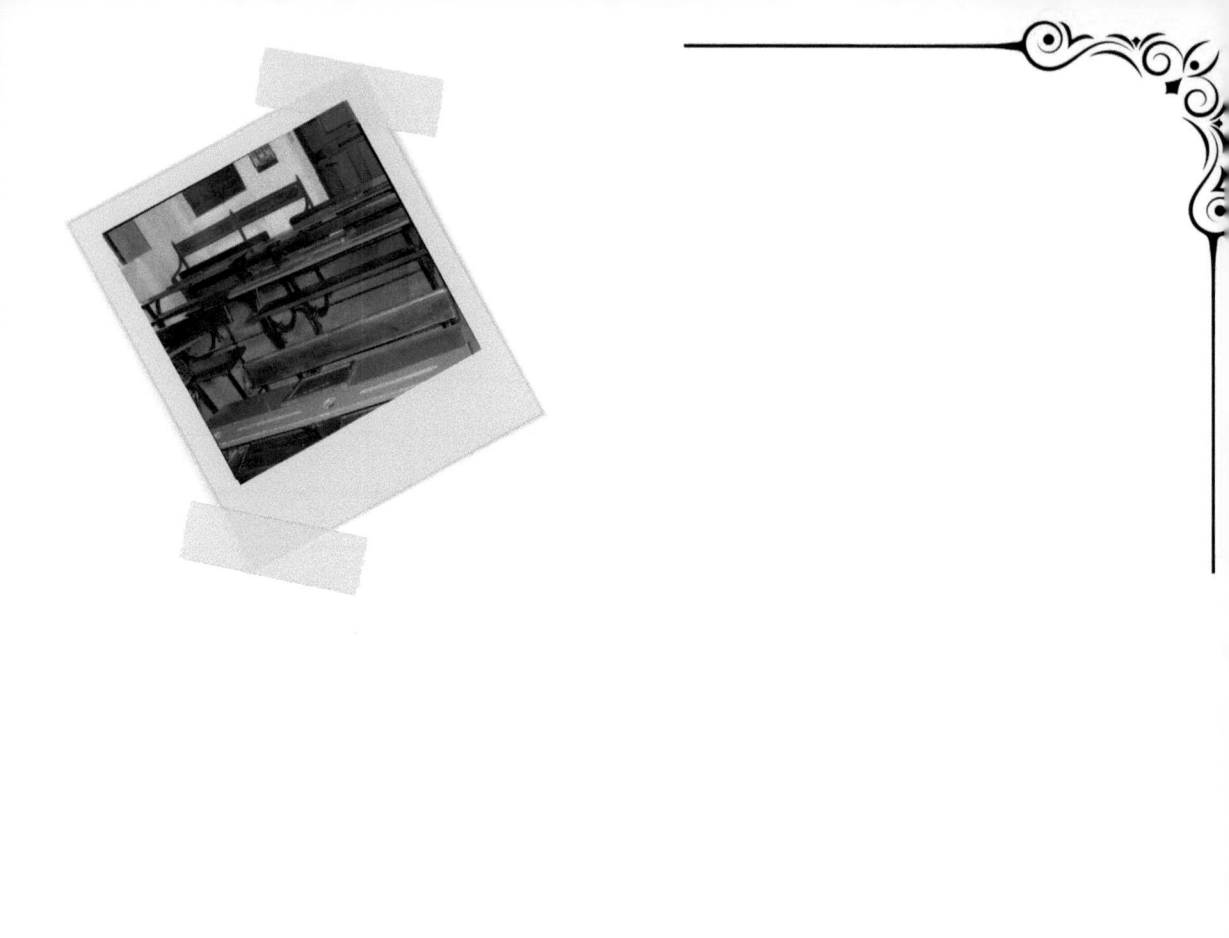

Parle nous de tes souvenirs d'écolière

Avais tu un maître ou une maîtresse ? étaient-ils gentils ou sévères ?

_____
_____
_____
_____
_____
_____

Avais tu de bons résultats à l'école ? Quels sont les métiers que tu voulais faire ?

_____
_____
_____
_____
_____

Est ce que tu préférais travailler ou étudier ?

_____
_____
_____
_____
_____
_____
_____
_____

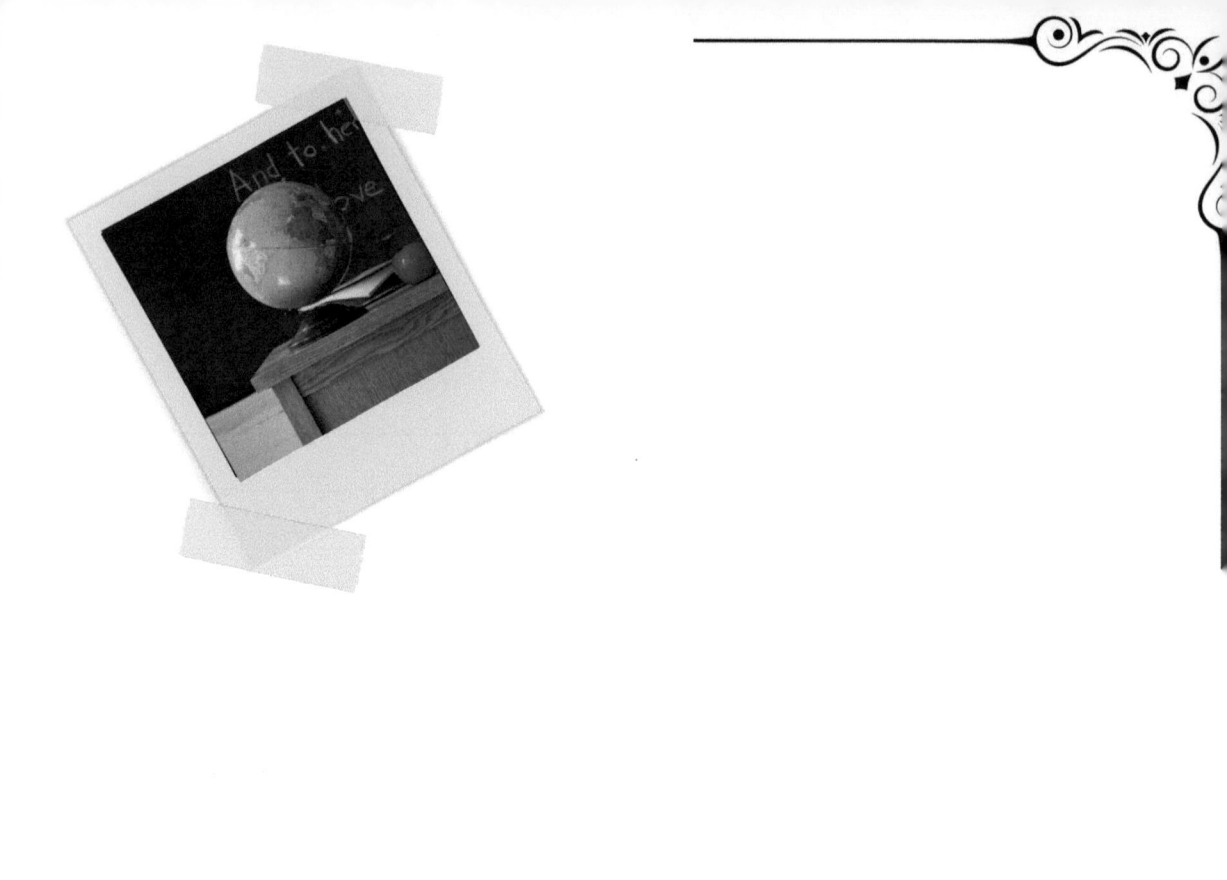

Parle nous de tes souvenirs d'écolière

Quelles étaient tes matières favorites ?
___

Préfères tu les livres ou les bandes dessinées?
___

As-tu eu de très bonnes amies à l'école ?
Avez vous fait beaucoup de bêtises ensemble ?
___

Raconte nous ce que nous avons oublié de te demander sur cette page de notes ....

Parle-nous de ton Mari, notre papy.

"Le bon mari fait la bonne femme, et la bonne femme fait le bon mari."

Parle nous de ton mari, notre Papy.

Où et quand as tu rencontré papy ? Qu'est ce qui t'a le plus attiré chez lui ?

_____
_____
_____
_____
_____
_____
_____
_____
_____
_____
_____
_____
_____
_____
_____
_____
_____
_____
_____
_____
_____

Parle nous de ton Mari, notre Papy.

Quand avez vous commencé à vous fréquenter ? Ou alliez vous pour vous voir ?

_____
_____
_____
_____
_____
_____
_____

Ou vous êtes vous mariés et à quelle date ?

_____
_____
_____
_____
_____
_____
_____
_____
_____
_____
_____

Parle nous de ton mari, notre Papy.

Qu'est ce que tu apprécies le plus chez Papy?

Qu'elle est la plus grande joie avec lui?

Raconte nous ce que nous avons oublié de te demander sur cette page de notes ....

Parle-nous de ton Travail

"Une machine peut faire le travail de 50 personnes ordinaires mais elle ne peut pas faire le travail d'une personne extraordinaire."

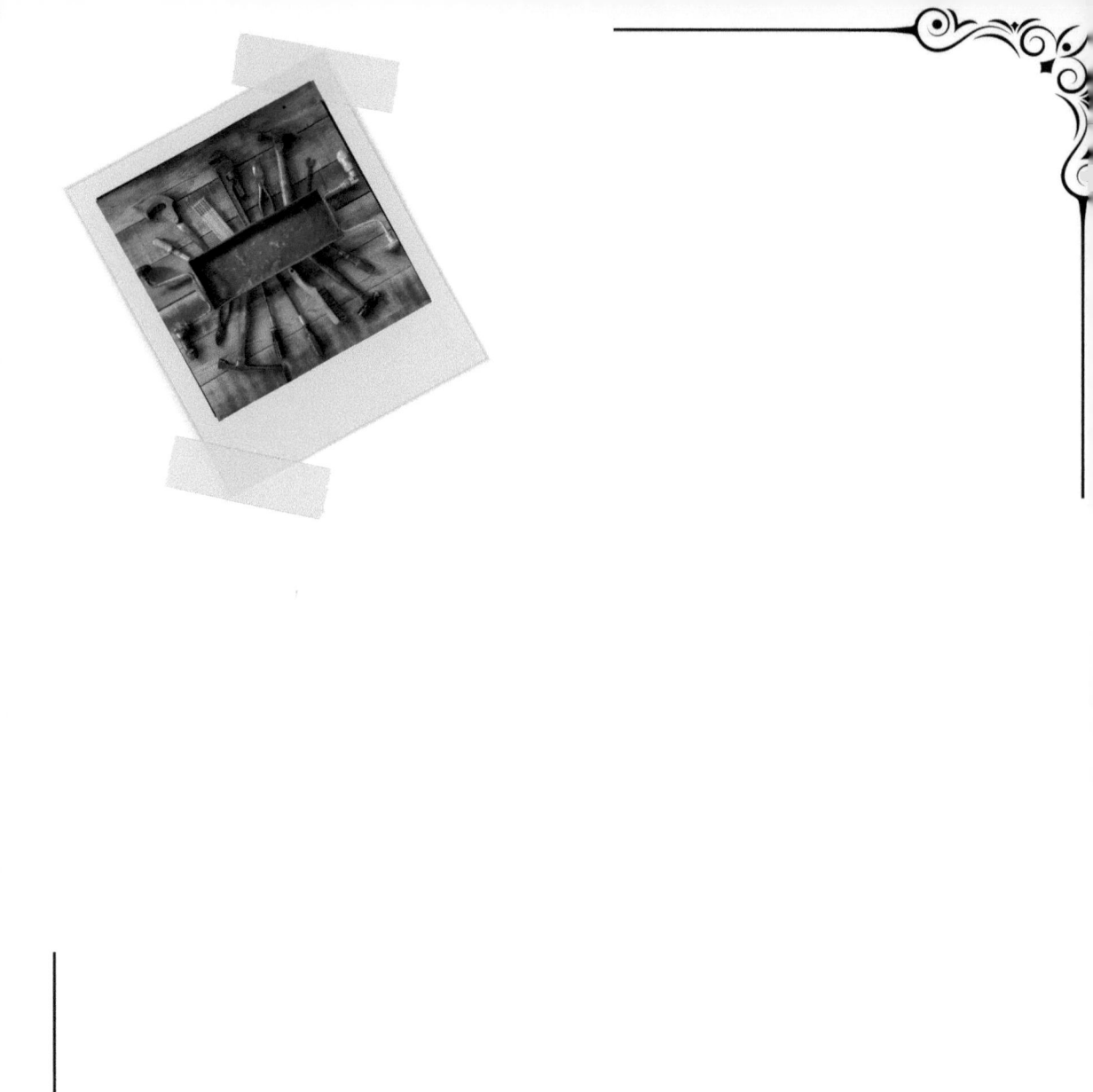

Parle nous de ton Travail

Quel a été ton premier travail ? quel age avais tu ? As tu des anecdotes à nous raconter ? As tu été travailler dans d'autres sociétés ?

_____
_____
_____
_____
_____
_____
_____
_____
_____
_____
_____
_____

As tu eu des collègues avec qui tu es devenue ami ?

_____
_____
_____
_____
_____
_____

Parle-nous de tes Enfants.

"L'enfance est un secret, un coffre aux trésors dont nous gardons pour toujours la clé, un rêve à rêver pour toujours, une histoire qui recommence à chaque instant, l'enfance est tous ces enfants à venir, des millions d'enfants et autant de souvenirs.

L'enfance est ce tout petit supplément d'âme, cette petite flamme que l'on garde en soi pour réchauffer son âme".

Jean-Pierre Guéno, Paroles d'enfance : Les Français racontent leurs souvenirs d'enfance

Parle nous de tes enfants

Quand vos enfants sont ils nés ? Comment avez vous choisi leurs prénoms ? Où habitiez vous ? Avez vous déménagés ?

_____
_____
_____
_____
_____
_____
_____

As tu des anecdotes rigolotes et croustillantes sur eux ?

_____
_____
_____
_____
_____
_____
_____
_____
_____
_____
_____
_____
_____
_____

Parle nous de tes enfants

Aviez vous des animaux de compagnies ? Comment s'appelaient ils ? quels ont été les meilleurs moments avec eux ?

_____
_____
_____
_____
_____
_____
_____
_____
_____
_____
_____
_____

As tu des anecdotes rigolotes avec eux ?

_____
_____
_____
_____
_____

Raconte nous ce que nous avons oublié de te demander sur cette page de notes ....

Parle-nous de tes Petits Enfants.

"Une mère devient une véritable grand-mère le jour où elle ne remarque plus les erreurs de ses enfants, étant émerveillée par ses petits-enfants."

De Lois Wyse

Parle nous de tes petits enfants

Quel a été ton sentiment quand tu as appris que tu allais devenir Mamie ?

_____
_____
_____
_____
_____
_____
_____
_____
_____
_____
_____
_____
_____
_____

Qu'est ce que tu aimes le plus faire avec eux ?

_____
_____
_____
_____
_____
_____

Parle nous de tes petits enfants

Peux-tu nous dire s'ils ont des traits communs avec toi ou avec Papy ?

_____
_____
_____
_____
_____
_____
_____
_____
_____
_____
_____
_____

Qu'est ce que tu aimes le plus chez eux ?

_____
_____
_____
_____
_____
_____

Raconte nous ce que nous avons oublié de te demander sur cette page de notes ....

Toutes ces petites choses qu'on aimerait bien savoir aussi sur toi ...

"Ils disent que les gène sautent des générations. Voila peut être pourquoi les grands-parents trouvent leurs petits-enfants si sympathiques"

Joan McIntosh

Toutes ces petites choses qu'on aimerait bien savoir aussi sur toi ...

Qu'est ce qui a le plus changé depuis l'époque de ta jeunesse ?

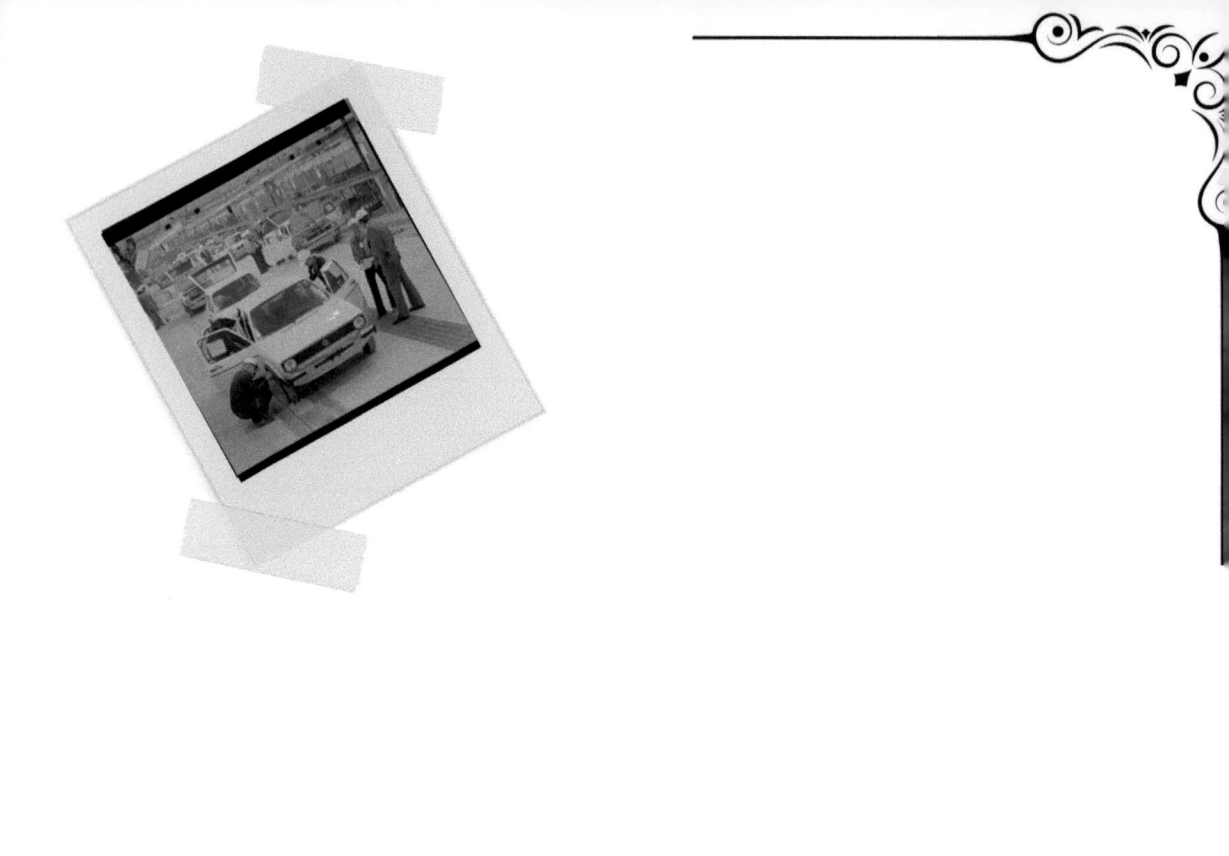

Toutes ces petites choses qu'on aimerait bien savoir aussi sur toi ...

Quelle a été ta première voiture ? en as-tu eu d'autres ?
_____
_____
_____
_____
_____
_____
_____
_____
_____

A quel age as-tu ton permis de conduire ?
_____
_____
_____
_____
_____
_____
_____
_____
_____
_____
_____
_____

Toutes ces petites choses qu'on aimerait bien savoir aussi sur toi ...

Aujourd'hui, quels sports aimes tu ? et lequel pratiques tu ?

_____
_____
_____
_____
_____
_____
_____
_____

Avais tu un passe temps étant jeune ? Quels sont tes loisirs aujourd'hui ?

_____
_____
_____
_____
_____
_____
_____
_____
_____
_____

Toutes ces petites choses qu'on aimerait bien savoir aussi sur toi ...

Avant, écoutais tu la musique, à la radio ? sur un tourne disque ?

_____
_____
_____
_____
_____
_____
_____
_____

As-tu des chanteurs et styles de musiques préférés?

_____
_____
_____
_____
_____
_____
_____
_____
_____
_____
_____
_____

Toutes ces petites choses qu'on aimerait bien savoir aussi sur toi ...

Avant, allais tu au cinéma ? Quels étaient tes films préférés et tes acteurs ou actrices favorites ?

___

Regardais tu la télé ? Avais tu des émissions préférés ?

___

Toutes ces petites choses qu'on aimerait bien savoir aussi sur toi ...

Quand tu étais enfant, quels étaient tes plats préférés ? et tes desserts ? Est ce que tes goûts ont changés ?

_____
_____
_____
_____
_____
_____
_____
_____
_____
_____
_____
_____
_____
_____
_____
_____
_____
_____
_____
_____
_____
_____
_____

Raconte nous ce que nous avons oublié de te demander sur cette page de notes ....

Tes Meilleures recettes que tu aimerais nous partager

"Un bon repas adoucit l'esprit et régénère le corps. De son abondance découle une bienveillance chaleureuse"

Frederick W. Hackwood

Recette 1

Note : ☆☆☆☆☆

Facile : ☆☆☆☆☆

Date ....

Nb de Parts | Temps de Préparation | Temps de Cuisson | Température du Four

ingrédients

préparation

Recette 2

Note : ☆☆☆☆☆

Facile : ☆☆☆☆☆

Date
....

....

- Nb de Parts
- Temps de Préparation
- Temps de Cuisson
- Température du Four

ingrédients

préparation

Recette 3

Note : ☆☆☆☆☆

Facile : ☆☆☆☆☆

Date
....

- Nb de Parts
- Temps de Préparation
- Temps de Cuisson
- Température du Four

ingrédients

préparation

Recette 4

Note : ☆☆☆☆☆

Facile : ☆☆☆☆☆

Date
....

....

- Nb de Parts
- Temps de Préparation
- Temps de Cuisson
- Température du Four

ingrédients

préparation

Recette 5

Note : ☆☆☆☆☆

Facile : ☆☆☆☆☆

Date
....

- Nb de Parts
- Temps de Préparation
- Temps de Cuisson
- Température du Four

ingrédients

préparation

Tes regrets dont tu souhaites nous parler.

Et les toutes les choses que nous n'avons pas abordées

_____
_____
_____
_____
_____
_____
_____
_____
_____
_____
_____
_____
_____
_____
_____
_____
_____
_____
_____
_____

Raconte nous ce que nous avons oublié de te demander sur ces quelques pages de notes ....

Bonjour à Tous,

Nous publions nos livres de manière indépendante, et si vous aimez ce livre, n'hésitez pas à nous laisser un commentaire sur Amazon.

Nous lisons chacun de vos commentaires avec plaisir, ils sont primordiaux pour soutenir notre travail et nous encourager à poursuivre nos efforts et à proposer des œuvres de qualité.

Nous espérons que vous prendrez plaisir à remplir ce livre autant que nous avons eu plaisir à le concevoir.

D'avance merci
Elisa et Donnie